AF315328

PLUS DE GUERRES CIVILES

LA

LOI TRÉVENEUC

ET

SA MISE EN APPLICATION

PAR

EUGÈNE MÉNIER

Rédacteur en chef de la LIBERTÉ COLONIALE

PRIX : 25 CENT.

EN VENTE

34, RUE DE LA VICTOIRE

PARIS

LA
LOI TRÉVENEUC

ET

SA MISE EN APPLICATION

— *Que voulons-nous ? Nous voulons qu'à l'avenir le pays tout entier ne se trouve pas livré sans moyen légal de résistance à la merci d'un coup de main, d'un coup de surprise ou de force, tenté par un homme ou par quelques hommes sur un point donné du territoire ; nous voulons qu'en cas de violence faite à la nation dans la personne de ses représentants, la nation puisse avoir recours à la personne d'autres de ses mandataires d'un ordre hiérarchique différent, c'est-à-dire aux conseillers généraux.*

Telles sont les paroles que M. le comte Duchatel prononçait dans l'enceinte de l'Assemblée nationale le 15 janvier 1872.

Pourquoi l'honorable député de la Charente venait-il prononcer ces nobles et patriotiques paroles ?

Parce que le 15 janvier 1872, on était au lendemain des désastres qui assaillirent notre malheureuse patrie en 1870-71, et que l'Assemblée nationale se trouvait en face de ruines encore fumantes à relever, de plaies profondes à guérir, en face d'ennemis tant intérieurs qu'extérieurs acharnés à notre perte, en face d'une rançon colossale à payer à nos vainqueurs, *d'une rançon de* CINQ MILLIARDS DE FRANCS ! ! ! ! ! ! ! ! ! ! ! ! ! ! ! ! ! et recherchant les causes qui nous avaient conduits à une aussi déplorable situation, tous les représentants de la nation, après avoir rendu un vote de déprobation et de déchéance contre l'empire, l'auteur de nos désastres, ces représentants durent aussi rechercher les moyens propres à prévenir les coups d'État semblables à celui qui nous amena le second empire.

M. le marquis de Tréveneuc, député des Côtes-du-Nord à l'Assemblée nationale, proposa un projet de loi tendant à arrêter et réprimer à l'avenir les entreprises d'usurpation.

Le projet de loi fut adopté par 482 voix contre 75 sur 557 votants, le 15 janvier 1872.

Voici le texte complet de la loi :

Loi relative au rôle éventuel des conseils généraux dans des circonstances exceptionnelles, du 15 février 1872.

Art. 1er — Si l'Assemblée nationale ou celles qui lui succéderont viennent à être illégalement dissoutes ou empêchées de se réunir, les conseils généraux s'assemblent immédiatement de plein droit, et sans qu'il soit besoin de convocation spéciale, au chef lieu de chaque département.

Ils peuvent s'assembler partout ailleurs, dans le département, si le lieu habituel de leurs séances ne leur paraît pas offrir de garanties suffisantes pour la liberté de leurs délibérations.

Les conseils ne sont valablement constitués que par la présence de la majorité de leurs membres.

Art. 2. — Jusqu'au jour où l'assemblée dont il sera parlé à l'article 3 aura fait connaître qu'elle est régulièrement constituée, le conseil général pourvoira d'urgence au maintien de la tranquilité publique et de l'ordre légal.

Art. 3. — Une assemblée composée de deux délégués élus par chaque conseil général, en comité secret, se réunit dans le lieu où se seront rendus les membres du gouvernement légal et les députés qui auront pu se soustraire à la violence.

L'assemblée des délégués n'est valablement constituée qu'autant que la moitié des départements, au moins, s'y trouve représentée.

Art. 4. — Cette assemblée est chargée de prendre pour toute la France, les mesures urgentes que nécessite le maintien de l'ordre, et spécialement celles qui ont pour objet de rendre à l'Assemblée nationale la plénitude de son indépendance et l'exercice de ses droits.

Elle pourvoit provisoirement à l'administration générale du pays.

Art. 5. — Elle doit se dissoudre aussitôt que l'Assemblée nationale se sera reconstituée par la réunion de la majorité de ses membres sur un point quelconque du territoire.

Si cette reconstitution ne peut pas se réaliser dans le mois qui suit les événements, l'assemblé des délégués doit décréter un appel à la nation pour les élections générales.

Ses pouvoirs cessent le jour où la nouvelle Assemblée nationale est constituée.

Art. 6. — Les décisions de l'assemblée des délégués doivent être exécutées à peine de forfaiture, par tous les fonctionnaires, agents de l'autorité et commandants de la force publique.

*
* *

Le pays doit être reconnaissant aux 482 députés qui votèrent cette loi si simple, si claire, d'une application si facile et qui devra à l'avenir lui servir d'arme contre ceux qui seraient encore tentés de confisquer à leur profit ses droits imprescriptibles dans la personne de ses représentants.

— Les ennemis, non de la République, mais de l'ordre public, ces hommes qui ont besoin que le trouble de la rue leur ouvre sur des flots de sang les avenues du pouvoir, s'efforcent d'insinuer que la loi Tréveneuc a été implicitement abolie par la Constitution. Cette insinuation est tout à fait erronée et fausse.

En France, l'application et la conservation des lois d'ordre public en vigueur sont de droit étroit, c'est-à-dire, que ces lois existent tant qu'elles n'ont pas été expressément abrogées. Ainsi les lois qui constituaient les droits de la famille Bonaparte ont été expressément abrogées par un vote, par plusieurs votes des assemblées régulièrement élues. Ces lois n'existent plus. Quant aux lois d'ordre public en vigueur sous l'empire, qui n'ont pas été expressément abrogées, elles existent toujours, notamment la loi sur la presse et tant d'autres qui sont quotidiennement mises en application par les tribunaux. A plus juste raison la loi Tréveneuc votée par la même assemblée qui a voté la Constitution, et qui n'a pas été abrogée expressément, existe-t-elle donc encore.

Cette loi existe, voilà qui n'est pas douteux.

Elle est loi de l'État; loi aujourd'hui imprescriptible, comme le suffrage universel qu'elle sauvegarde. On pourrait vouloir l'abolir qu'elle n'en resterait pas moins le centre autour duquel devront se rallier tous les citoyens; elle entrerait en action du moment où un obstacle serait mis à l'exercice régulier des pouvoirs du suffrage universel ou de l'Assemblée nationale.

Comme elle prévoit certaines éventualités et

qu'elle a été faite pour elles, j'ai le droit d'en étudier par avance la mise en application.

Elle est loi du pays, j'ai le droit d'examiner quel a été le résultat de sa promulgation, de déterminer l'influence qu'elle a pu avoir sur nos destinées. On peut dire que ses résultats ont été considérables, quoiqu'on ait bien peu parlé d'elle ; que son influence a été énorme, et je n'hésite pas à lui attribuer en grande partie la sécurité, la confiance que la France a manifestées et manifeste encore dans ses droits inviolables, c'est-à-dire dans la Constitution qu'elle s'est librement donnée.

Je dis enfin que chacun a le droit de rappeler au pays les dispositions de la loi Tréveneuc et d'en démontrer le mode d'application. De même qu'on se prépare par la réflexion, par des réunions, par la lecture des journaux, par des articles, par des brochures, par des livres et par des actes, à voter à de certains jours avec intelligence des intérêts du pays, de même on doit se préparer à obéir à la loi Tréveneuc. Il est bon surtout qu'il soit répété à satiété qu'une tentative de coup d'État, est un crime de lèse-nation, et qu'il a été pourvu par ladite loi à ce qu'aucun doute ne puisse subsister sur la criminalité de semblables aventures.

Afin que nul doute ne puisse subsister au sujet de l'existence de la loi Tréveneuc et du droit qu'ont tous les citoyens de l'étudier et de préparer sa mise en application, le cas échéant, pour bien faire comprendre quel a été le but, l'esprit de la loi dans la pensée de nos législateurs de 1872, je crois devoir citer ici quelques passages des différents discours prononcés par les orateurs qui ont pris part à la discussion de la loi.

M. de Tréveneuc disait :

Nous avons cru et nous croyons encore que nous mettons à la disposition du pays un moyen de sauvetage qui, dans certains moments, pouvait le ramener au port et qui dans tous les cas ne peut nuire en quoi que ce soit, ne peut porter ombrage à personne, si ce n'est, je l'avoue, à ceux qui voudraient refaire encore un Dix-huit Mars ou un Deux Décembre.

L'honorable député bas-breton, après avoir rappelé qu'à l'Assemblée nationale de 1851, le gouvernement d'alors fit tous ses efforts pour faire échouer une proposition conçue dans le même sens que la loi actuelle et présentée par M. le général Le Flô et M. de Baze questeurs, et qu'il y réussit : *C'était la conspiration,* s'écrie M. de Tréveneuc, *qui avait agi au sein même du gouvernement et si la proposition eût été votée, le Deux Décembre ne serait pas arrivé, nous n'aurions pas eu la Commune, nous n'aurions pas perdu deux provinces, enfin, nous n'aurions pas cinq milliards à payer.*

En butte aux exclamations de quelques-uns de ses collègues M. de Tréveneuc se plaignait en pleine assemblée :

Des correspondances anonymes que des bonapartistes, aussi zélés que peu courtois, lui adressaient en lui annonçant le retour prochain de l'empire et en lui prédisant le châtiment qu'il méritait.

Et l'honorable député ajoutait :

Votre châtiment, à vous, messieurs, ce serait l'humiliation de voir la France entre les mains de ceux qui du guet-apens du Deux Décembre, l'ont conduite aux hontes et aux désastres de Sedan.

M. Henri Fournier le rapporteur de la loi disait, après un long rapport dans lequel il avait discuté pied à pied tous les arguments présentés :

Messieurs, la loi est nécessaire. Elle peut dans un jour de surprise nous rendre les plus grands services et il suffit qu'elle puisse une seule fois être appliquée utilement et nous éviter une révolution pour que vous deviez la voter.

M. Wallon l'auteur de la Constitution disait :

L'assemblée en votant ce projet de loi ne songe point à elle-même ; sa sollicitude s'étend aux assemblées qui la suivront ; ce sera son honneur d'avoir pourvu à leur sûreté, car c'est dans leur conservation qu'est le salut du pays.

M. Wallon émettait l'avis que :

Pour que la résistance soit sérieuse, il faut qu'elle ne se borne pas à la résistance toute locale des conseils généraux, la résistance n'est efficace qu'autant qu'elle sait prendre l'offensive et l'action même est impuissante si elle n'est pas d'avance combinée.

Et plus loin :

J'induis de là, messieurs, qu'une résistance ne peut être locale, que pour qu'elle soit efficace il faut qu'elle ait un centre d'action établi à l'avance, vous me direz : mais par là vous préparez la guerre civile ; je réponds : non, je la préviens ou je la réprime au besoin. Quels sont, en effet, les auteurs de la guerre civile? Sont-ce les gouvernements qui se défendent ou bien ceux qui provoquent l'émeute et la font réussir?

Ainsi l'honorable député voulait que les lieux de réunion de l'Assemblée soient fixés à l'avance afin d'établir une résistance efficace.

On vota sur un article proposé dans ce sens ; l'article fut repoussé.

M. Henri Fournier, rapporteur, d'accord avec la majorité de l'Assemblée, dit :

La désignation des villes n'a point été acceptée, il nous a paru ; et je crois, messieurs, qu'il vous paraît à tous maintenant, après réflexion, qu'il est impossible de préciser le lieu où les délégués pourront se réunir, et en effet, si nous précisions ce lieu, ce serait l'indiquer d'avance aux auteurs de coups d'État ou de l'émeute, il faut donc n'en désigner aucun.

Un peu après les paroles que j'ai cru devoir placer au commencement de cette étude, M. le comte Duchatel était d'avis que :

L'Assemblée ferait tout à la fois un acte prudent et se tiendrait dans une juste mesure en laissant aux conseils généraux le soin de s'inspirer de leur patriotisme et des circonstances, en leur laissant l'initiative de toutes les mesures nécessaires pour couper court à des entreprises criminelles et rendre à la nation la direction exclusive de ses destinées.

On ne saurait méconnaître évidemment la haute valeur de semblables opinions.

Elles jettent sur l'esprit même de la loi un vif éclat, surtout émanant des députés auxquels nous venons d'emprunter nos citations. Car il faut le reconnaître et le dire bien haut et partout, la loi Tréveneuc affirme le droit du peuple d'élire ses représentants, elle affirme le devoir du peuple de respecter sa représentation nationale qu'il a élue en souverain, de respecter et de faire respecter par tous sa volonté souveraine qui est *la Loi;* toute atteinte directe ou indirecte portée à *la Loi* par qui que ce soit et de quelque façon que ce soit, est une atteinte portée à la souveraineté nationale, *c'est un crime qui mérite châtiment.*

La loi Tréveneuc non-seulement affirme le droit du peuple, elle fait plus, elle le consacre ; elle fait plus encore, elle affirme et elle consacre non pas le droit à l'insurrection, comme on voudrait le faire croire, mais bien le droit et le devoir pour tous de réprimer l'insurrection.

Si, au moyen d'une surprise quelconque, des hommes, sinistres politiques, ont pu s'emparer illégalement du pouvoir, si, après avoir enfermé les représentants élus de la nation, ils ont pu retourner à leur profit les droits nationaux, et si profitant de l'ignorance que le peuple avait de ses droits, ils ont pu traiter d'insurrection tout ce qui était opposition à leur pouvoir illégalement acquis, si de tels actes ont pu se produire, il est du devoir de tout citoyen, afin de prévenir désormais leur retour, d'étudier et de bien comprendre la portée de la loi votée par l'Assemblée nationale ; il est de leur devoir de se rendre un compte exact de son application, afin que tous, élus du suffrage, conseillers généraux, conseillers municipaux, magistrats, représentants à tous degrés de la force publique, fonctionnaires de tous degrés et de tous rangs, propriétaires, agriculteurs, industriels, commerçants, ouvriers, tous les citoyens enfin qui composent la nation, que tous sachent quels sont les droits, quels sont les devoirs, quelles sont, en cas d'usurpation de la souveraineté nationale, et en cas aussi d'obéissance à cette usurpation, quelles sont les responsabilités qui incombent à chacun d'eux.

Nous avons cru, a dit M. de Tréveneuc, *et nous croyons encore que nous mettons à la disposition du pays un moyen de sauvetage qui, dans certains moments, pouvait le ramener au port.*

Comme on le voit, la loi proposée était dans l'esprit même de son auteur un moyen de sauvetage, dans le cas où le navire serait désemparé, c'est-à-dire dans le cas où la France serait privée de sa représentation nationale ; c'est la chaloupe qu'on suspend à chaque côté du navire, toute prête à être mise à l'eau en cas d'accident ; c'est la bouée de sauvetage qu'on attache au navire en la plaçant à la vue de tout le monde, afin que tous sachent bien que si le navire court risque de périr, il reste au moins aux passagers et aux matelots des moyens propres à les sauver ; et certes, la chaloupe où la bouée ne portent ombrage à personne, leur vue rassure au contraire les plus peureux, parce que tout le monde sait qu'elles ne sont là qu'en cas de danger seulement, qu'elles ne sont qu'un moyen de préservation contre le danger, qu'elles sont toutes prêtes à être mises à l'eau au premier moment, et chacun s'évertue à chercher les meilleurs moyens de s'en servir, mus en cela par un sentiment bien naturel, l'instinct de la conservation.

Ce n'est pas lorsque le navire est désemparé, ce n'est pas lorsque la mer déferle sur le pont ses vagues envahissantes, qu'il convient de fabriquer des chaloupes et des bouées de sauvetage et d'apprendre à s'en servir ; ce n'est pas lorsque le navire a sombré qu'il faut apprendre à nager !

Tous les citoyens doivent connaître la chaloupe, la bouée de sauvetage que, par leur sage prévoyance, les législateurs de 1872 ont mises à leur disposition, ils doivent connaître aussi quels sont les moyens à employer pour s'en servir.

De même qu'en mer lorsque le navire menace de sombrer, les passagers et les matelots viennent se presser autour des moyens de sauvetage qui sont à leur portée, de même en cas d'usurpation du pouvoir national, tous les citoyens doivent se

presser, se rallier autour de la loi Tréveneuc, elle doit être pour tous les républicains et tous les vrais patriotes, le symbole de la sécurité, de l'unité et de la grandeur du pays.

*
* *

Je soutiens que cette loi est utile.

C'est elle qui a permis à M. Thiers, alors président de la République, de rassembler les forces du pays autour de l'Assemblée nationale siégeant à Versailles, qui, par cette loi, déclarait qu'elle n'était autre chose que la mandataire temporaire du suffrage universel souverain et imprescriptible.

Elle a moralement donné raison à cette Assemblée contre la Commune. Car le corps électoral, devant cette déclaration d'obéissance à son pouvoir souverain, a compris *qu'il se devait à lui-même de s'obéir*. Le suffrage universel entend s'obéir à lui-même, et c'est cette raison qui a plus tard groupé la France autour du nouveau président de la République, M. le maréchal de Mac-Mahon.

C'est encore le même motif qui entretient aujourd'hui, malgré tant d'excitations odieuses, le le calme matériel dans le pays.

*
* *

Reportons-nous pour un instant aux jours néfastes de 1851, au lendemain du coup d'État impérialiste, lorsqu'on massacrait dans les rues de Paris, que les défenseurs du droit étaient écrasés dans la capitale, et que l'usurpation s'emparait des rênes du gouvernement. C'était au nom du suffrage universel mutilé que cette usurpation avait lieu. De là vinrent les hésitations les plus grandes.

Sans doute, la forme républicaine avait déjà de nombreux adhérents ; ils frémirent d'indignation et leur premier mouvement fut de saisir leurs armes. Mais sous quel drapeau marcher ? celui de la République ? Elle était désorganisée ! et l'Assemblée venait de décréter la mutilation du suffrage universel au nom même du suffrage universel !

Le manque d'un centre moral rendit à cette époque, toute résistance à l'oppression difficile, et avant que le pays eût pu discerner le vrai du faux, il s'était engagé par un plébiscite, qui devait lui coûter cher, encouragé à cet abandon de ses droits par l'armée des fonctionnaires toujours prête à obéir à l'apparence de la légalité.

Mais si dès avant cette époque, la nation et l'armée des fonctionnaires avaient su que, dans le cas où les pouvoirs organisés de la République étaient l'objet d'un coup de force et cessaient d'exister ils étaient immédiatement remplacés et continués par une autre Assemblé souveraine, régulièrement et légalement créée par avance en vue de l'éventualité qui se produisait; s'ils avaient su par conséquent que le droit était toujours du même côté, que l'attentat commis de quelque drapeau qu'il prétendît se couvrir, n'en avait modifié ni l'espèce ni l'étendue; croit-on que chaque citoyen, croit-on que chaque fonctionnaire mis en face d'une situation nette, précise, déterminée, disant : Voilà le droit et voilà le crime, ait pu hésiter un instant? non, les uns et les autres, éclairés sur le devoir, sachant derrière quelles légales individualités ils devaient se grouper pour reformer le gouvernement régulier et légal du pays se seraient immédiatement déclarés pour le droit contre force, localisant l'usurpation et la condamnant ainsi à périr dès sa naissance.

En 1851, la force de l'usurpation fut donc qu'elle put appeler à son aide l'administration et l'armée dont le devoir n'était pas nettement tracé, et qui purent de bonne foi, croire que se rallier à l'usurpation, c'était défendre les droits du suffrage universel et la société.

*
* *

Avec la loi Tréveneuc, la situation n'est plus la même. Quiconque aujourd'hui essayerait d'attenter au suffrage universel ou aux pouvoirs parlementaires issus de lui, se déclarerait lui-même hors loi. La résistance à l'usurpation étant un droit et un devoir sacrés, aucune hésitation ne pourrait plus se produire. Les citoyens, les fonctionnaires, l'armée elle-même se rallieraient à l'Assemblée à qui revient le pouvoir, au cas où l'Assemblée actuelle serait mise dans l'impossibilité de se réunir, ou si quelque atteinte était portée au suffrage universel.

Un coup d'État de quelque part qu'il vienne contre les droits du peuple souverain est donc désormais impossible! On pourrait justement dénommer la loi Tréveneuc : **Loi d'organisation spontanée des forces nationales en cas de tentatives d'usurpation.** Dans la pratique elle est d'une mise en application facile.

*
* *

Qu'un général criminel, qu'un prince apocryphe, qu'un parti plus ou moins sérieux, qu'une bande de forcenés légitimistes, royalistes, bonapartistes ou démagogues tentent de commander sans droit au pays et de porter atteinte à la souveraineté du suffrage universel, la loi Tréveneuc entre en action. Elle seule dès lors est la loi du pays ; loi terrible dans sa simplicité, écrite d'avance, régulièrement promulguée, précise, qui dicte le devoir de chacun et ne laisse aucune place à l'hésitation.

Ceux qui lui obéiront sont les citoyens, les patriotes, les vrais, les seuls Français.

Ceux qui lui désobéiront sont les usurpateurs, sont les criminels, sont les malfaiteurs hors la loi : ainsi d'un côté le droit et le devoir, de l'autre le crime.

Si donc la tentative d'usurpation du pouvoir national venait à se produire le pays tout entier devrait obéissance à la loi Tréveneuc :

Que dit cette loi ?

Elle dit que si une tentative d'usurpation venait à se produire, les conseillers généraux *doivent se rendre immédiatement* au chef-lieu du département ou dans tout autre lieu qui leur offrira garantie et là *ils pourvoiront d'urgence au maintien de l'ordre, et à l'administration* dans leurs départements respectifs.

Il est évident que les conseillers généraux deviennent ainsi les premiers fonctionnaires des départements, et comme tels, sont tous dans la nécessité absolue de remplir leurs fonctions et de faire exécuter la loi sous peine de forfaiture; ils doivent aussi la faire exécuter par *tous les fonctionnaires, agents de l'autorité et commandants de la force publique du département* qui leur doivent obéissance sous peine aussi de forfaiture.

Voilà qui est clair et qui n'a nul besoin de commentaire.

Une fois ces conseils généraux réunis *n'importe où* dans leur département, ils nomment *deux délégués qui doivent se rendre au lieu qui leur sera désigné par les membres du gouvernement légal et par les députés qui auront pu se soustraire à la violence*, et là, *ils prendront pour toute la France les mesures urgentes que nécessite le maintien de l'ordre et spécialement celles qui ont pour objet de rendre à l'Assemblée générale la plénitude de son indépendance et l'exercice de ses droits.*

Ainsi cette assemblée de délégués organisera la résistance à l'usurpation, administrera la France, et où qu'elle siége, tous les fonctionnaires et agents doivent lui obéir, et tous les citoyens se soumettre à ses décisions, et cela jusqu'à ce que *l'Assemblée nationale* régulière soit reconstituée.

Les législateurs, comme l'a si bien dit M. le comte Duchatel, n'ont pu fixer aucun lieu pour la réunion des délégués ; ils ont laissé aux *Conseils généraux le soin de s'inspirer de leur patriotisme et des circonstances, ils leur ont laissé l'initiative de toutes les mesures nécessaires pour couper court à des entreprises criminelles.*

Les législateurs ont avec raison pensé d'abord à donner aux Conseils généraux *pleins pouvoirs pour organiser la défense* dans leurs départements respectifs ; ce sont ces mesures urgentes pour arrêter immédiatement la propagation du crime sur toute l'étendue du territoire qu'il ont voulu bien établir, c'est une résistance sérieuse, effective, efficace, que les auteurs de la loi ont voulu assurer et comme le disait si justement M. Wallon, la résistance n'est efficace qu'autant qu'elle sait prendre l'offensive. Non-seulement, dans la pensée des auteurs de la loi, les Conseils généraux doivent s'opposer à l'envahissement de leurs départements par l'usurpation, mais ils doivent prendre de suite *des mesures offensives contre ces envahissements, ils doivent au moyen des fonctionnaires, des agents de l'autorité et des commandants de la force publique placés sous leurs ordres par la prévoyance de la loi,* ils doivent opposer une barrière infranchissable aux envahisseurs illégaux.

Voilà le rôle que la loi Tréveneuc assigne aux Conseils généraux en cas d'usurpation, c'est comme on le voit la consécration du suffrage universel; en effet si les premiers élus du suffrage ne peuvent plus se réunir et discuter sur les intérêts de la France par suite d'un coup de force, la loi confie immédiatement l'administration du pays à d'autres élus, les conseillers généraux qui sont transformés ainsi de par le droit en fonctionnaires.

Il s'ensuit évidemment que les autres élus du suffrage d'un ordre hiérarchique différent comme les conseillers d'arrondissement, les conseillers municipaux et par suite les fonctionnaires et agents issus de leur pouvoir, subissent la même transformation et de par le droit, deviennent aussi des fonctionnaires relevant seulement du Conseil général de leur département et soumis seulement à ses ordres et à ses décisions.

Les conseils d'arrondissement étant, en grande partie composés de conseillers municipaux, ne paraissent pas avoir un grand rôle d'initiative à jouer; ils doivent cependant comme corps constitués élus du suffrage, se mettre à la disposition du conseil général de leurs départements respectifs.

Le soin de maintenir l'ordre et la tranquilité dans les communes est confié au maire et à ses adjoints, c'est-à-dire au Conseil municipal; ils doivent en tout temps prendre les mesures nécessaires pour assurer cet ordre et cette tranquilité et faire ainsi respecter la loi, à plus forte raison en cas d'usurpation des pouvoirs publics, en cas de violation flagrante de la loi, à plus forte raison, dis-je, sont-ils tenus de prendre des mesures sérieuses, efficaces pour que la paix publique ne soit pas troublée dans leur commune, pour que la *Loi* y soit respectée.

Dès qu'une tentative d'usurpation est connue, les conseillers municipaux transformés en fonctionnaires doivent donc se réunir et redoubler de vigilance pour faire respecter le droit; sous peine de forfaiture, comme dit la loi en parlant des fonctionnaires publics, ils doivent s'opposer à l'usurpation et refuser d'obéir à ses ordres.

Ils doivent donner connaissance de la loi à tous les fonctionnaires, à tous les agents de l'autorité, à tous les commandants de la force publique ainsi qu'à tous les citoyens; ils doivent leur bien faire comprendre de quel coté est le droit et à qui ils doivent obéir ; ils doivent prendre toutes les mesures préventives pour assurer l'ordre et le maintien de la paix publique dans leur commune, et obliger tous les agents et tous les fonctionnaires à les exécuter, en attendant que des ordres leurs soient transmis par le conseil général du département à qui seul ils sont tenus d'obéir ; ils doivent se conformer à la loi et exécuter les mesures qu'elle ordonne sans se préoccuper des communes voisines ; chaque maire, chaque adjoint, chaque conseiller municipal doit faire son devoir laissant à ceux qui ne le feraient pas courir toute la chance des responsabilités dont la loi les charge.

Les conseillers généraux, les conseillers municipaux en agissant comme il vient d'être dit, seront dans la stricte légalité ; ils accompliront leur devoir en vrais citoyens, en vrais patriotes, et sans qu'il soit besoin de tirer un seul coup de fusil, par leur unanime spontanéité, la résistance légale à l'usurpation aura été organisée sur tous les points du territoire.

En quelques jours l'Assemblée nouvelle sera

réunie à Bourges, à Guéret, à Orléans, peu importe ; où siégera l'Assemblée, sera le siége légal du gouvernement, et qui résistera à ses ordres et à ses décisions sera criminel et hors la loi.

La chute de la Commune a bien prouvé qu'il ne suffisait pas de prendre Paris pour être maître de la France, et qu'il fallait se préoccuper tout au moins de la légalité.

Avec la loi Tréveneuc, un coup d'État doit rester sans effet ; une seule force existe aujourd'hui : la volonté nationale, qui lui obéit est irrésistible, qui lui désobéit est déjà marqué pour le châtiment ; avec la mise en application de la loi Tréveneuc, l'ordre public est assuré ; car personne ne saurait être assez follement audacieux pour tenter une usurpation qui provoquerait le soulèvement instantané, la résistance légale, par conséquent ferme, calme et résolue du pays.

C'est ce soulèvement, c'est cette résistance en face d'une usurpation des pouvoirs publics, que les législateurs ont voulu établir en votant la loi Tréveneuc.

En se conformant à cette loi, en en exécutant

strictement l'esprit et la lettre, tous les citoyens rendront un hommage mérité aux 482 législateurs qui, dans un moment de crise, ont pensé à munir le pays de cette arme défensive, et ont eu le courage de la sanctionner par un vote.

Oui, le pays doit leur être reconnaissant, car la loi Tréveneuc établit une barrière définitive aux entreprises criminelles qui pourraient tenter de se produire contre la souveraineté nationale. Elle assure à jamais le fonctionnement régulier du gouvernement légal entre tous, le gouvernement de la République.

*
* *

Nous regrettons vivement que les auteurs de la loi Tréveneuc n'aient pas songé à établir le mode de résistance des colonies en cas d'usurpation des pouvoirs publics. Les cinq millions d'âmes qui représentent la France dans les pays d'outre-mer valent cependant bien la peine qu'on s'occupe un peu d'eux.

Il nous paraît résulter de la loi Tréveneuc que toutes les colonies qui possèdent des députés, des conseillers généraux et qui jouissent de leurs franchises municipales, doivent être assimilées à leurs compatriotes de la métropole et bénéficier des droits comme des devoirs qui imposent à chacun la résistance à l'usurpation.

Paris, 5 juin 1877.

Post scriptum

Les considérations émises plus haut ne sont donc que les développements légitimes d'une loi en vigueur, et dont chacun a le droit d'étudier les conséquences et de rechercher la mise en application.

L'article 1er, disant en cas de violation « *les Conseils généraux s'assemblent immédiatement de plein droit* et ils peuvent « *s'assembler au lieu qui leur paraît offrir le plus de garanties* », il s'ensuit nécessairement le droit et le devoir légal pour les citoyens de se mettre à la disposition de ces conseils qui doivent « *pourvoir d'urgence au maintien de la tranquillité publique et de l'ordre légal.* »

Pour être tout à fait légal et d'accord avec la lettre et l'esprit de la loi Tréveneuc, ce concours des citoyens doit être spontané comme la réunion même de ses conseils.

Les voies et moyens d'actions que nous avons formulés sont donc légaux. Ils visent un acte criminel. Tant que le pouvoir exécutif restera dans la légalité, la loi Tréveneuc de même que les voies et moyens à employer pour la mettre en application, le cas échéant, ne peuvent occasionner aucun trouble dans le pays. Nous sommes évidemment dans la stricte légalité, et il ne faut pas oublier que la loi Tréveneuc stipule que *les décisions de l'Assemblée issue de la loi Tréveneuc doivent être exécutées, à peine de forfaiture par tous les fonctionnaires, agents de l'autorité et commandants de la force publique,* — dont le devoir strict et légal sera donc, en cas de violation de la légalité, de se mettre aussitôt à la disposition de la dite Assemblée et d'aider à sa réunion.

Sans aucun doute la loi Tréveneuc par la possibilité pratique qu'elle donne au pays de reconstituer n'importe où en France le pays légal, assure la fidélité des fonctionnaires et agents de la force publique, qui préféreront, soit par patriotisme, soit par crainte, se mettre à l'abri de la punition due aux traîtres, qui ne tarderait pas à les atteindre. Cette connaissance nette qu'aider à l'usurpation est une forfaiture légalement établie, ne peut laisser aucun doute sur l'insuccès d'un coup de force. Il échouerait misérablement.

Les fauteurs de coups d'État sont enfin enserrés dans un cercle qu'il leur est impossible de franchir. Les responsabilités sont bien définies, et comme ce que les fonctionnaires redoutent le plus, c'est d'engager leur responsabilité personnelle, le fait par la loi Tréveneuc de déclarer leur forfaiture s'ils aidaient à une usurpation et favorisaient un usurpateur, touchant à leurs intérêts personnels, les maintiendra dans le devoir et la légalité.

Non, il n'y aura plus de coup de force. Le vote seul pourra désormais changer ou modifier la loi.

FIN

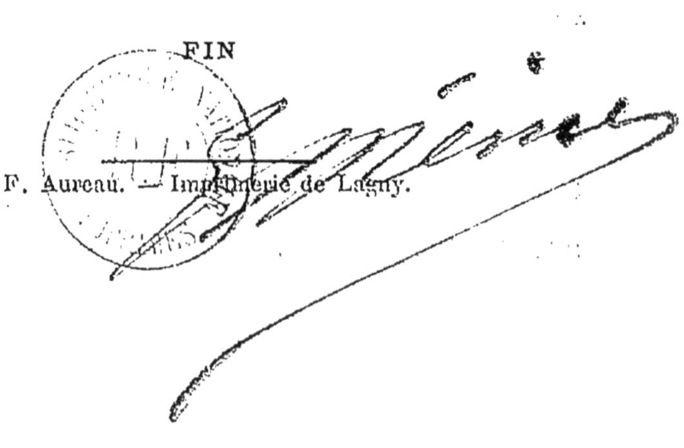

F. Aureau. — Imprimerie de Lagny.

www.ingramcontent.com/pod-product-compliance
Ingram Content Group UK Ltd.
Pitfield, Milton Keynes, MK11 3LW, UK
UKHW021631130726
13696UKWH00005B/2121